12
1
2
3
4
5
6
7
8
9
10
11

12
1
2
3
4
5
6
7
8
9
10
11

XII
I
II
III
IIII
V
VI
VII
VIII
IX
X
XI

12
1
2
3
4
5
6
7
8
9
10
11

XII
I
II
III
IIII
V
VI
VII
VIII
IX
X
XI

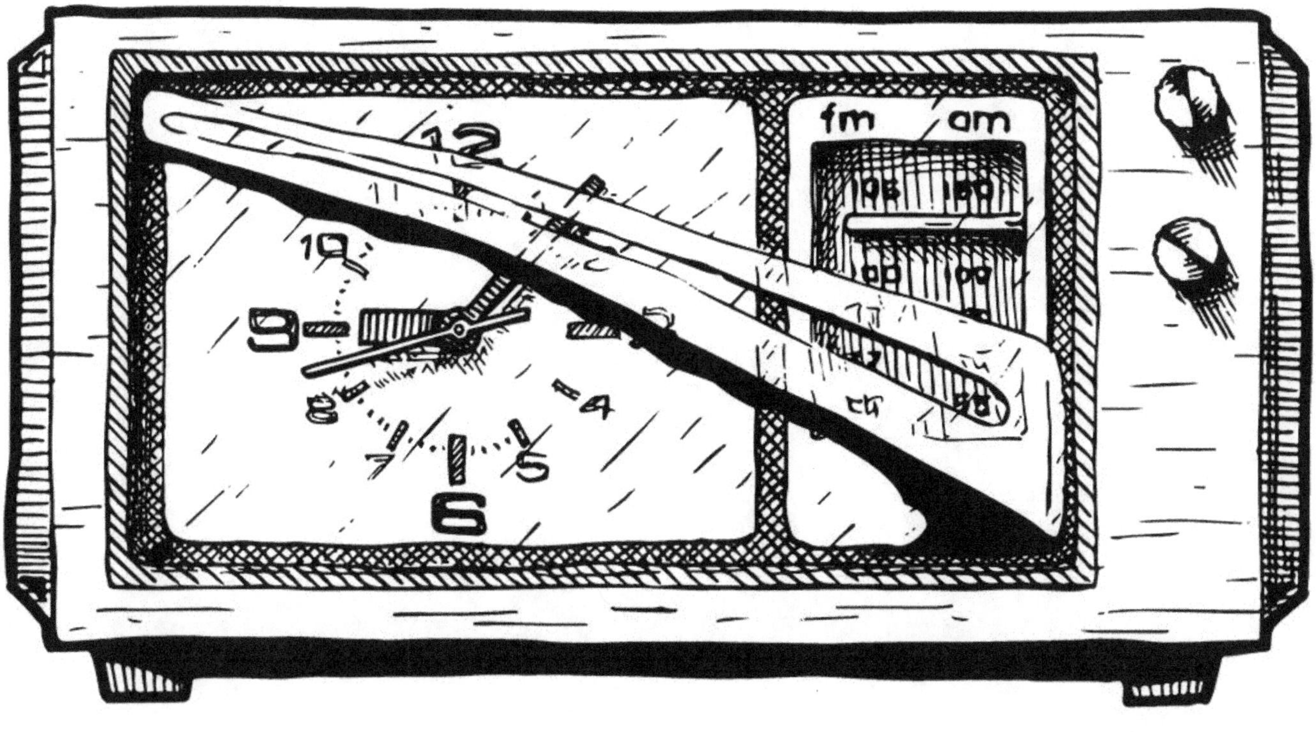
fm
am
12
10
9
4
8
7
5
6

XII
I
II
III
IIII
V
VI
VII
VIII
IX
X
XI

12
1
2
3
4
5
6
7
8
9
10
11

12
1
2
3
4
5
6
7
8
9
10
11

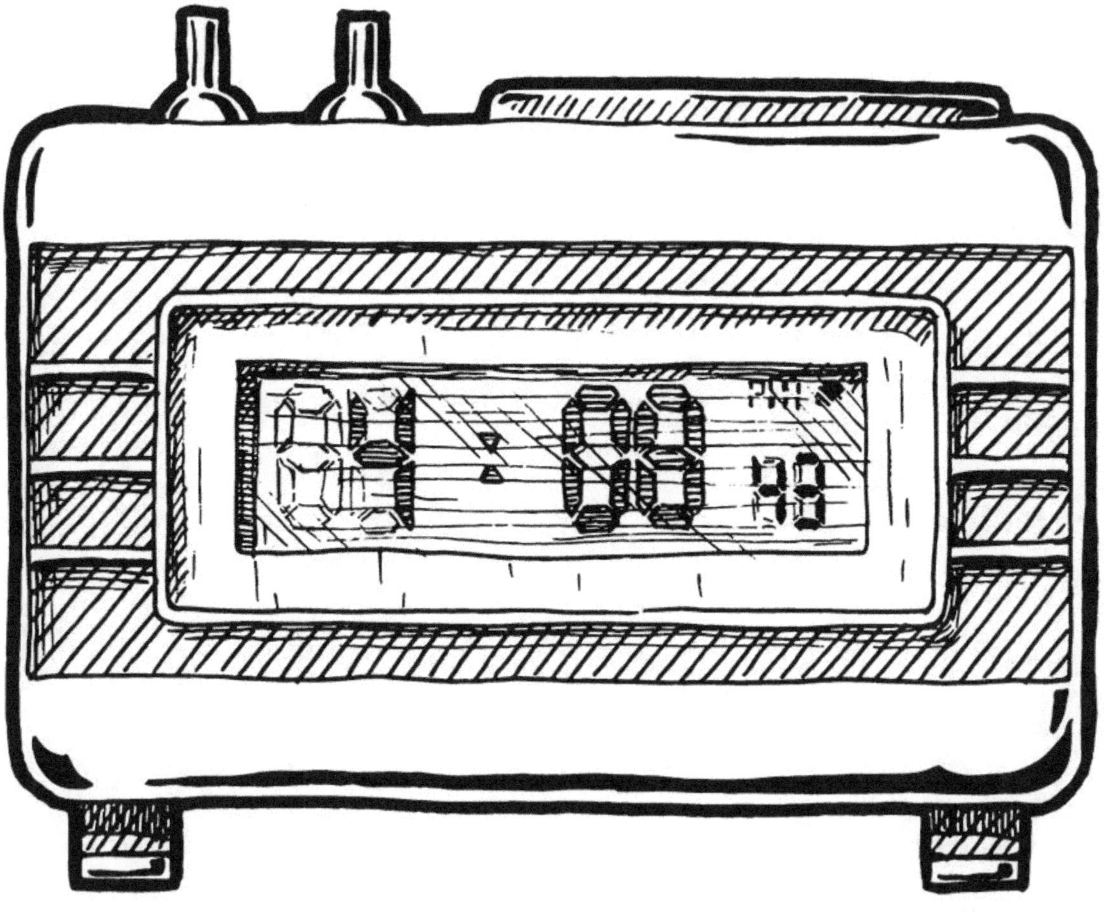

12
1
2
3
4
5
6
7
8
9
10
11

12
1
2
3
4
5
6
7
8
9
10
11

XII
I
II
III
IV
V
VI
VII
VIII
IX
X
XI

12
1
2
3
4
5
6
7
8
9
10
11

12
1
2
3
4
5
6
7
8
9
10
11

www.ingramcontent.com/pod-product-compliance
Lightning Source LLC
Chambersburg PA
CBHW080643190526
45169CB00009B/3476
* 9 7 8 1 5 3 3 6 0 9 7 3 1 *